Mobbing…

kann jeden treffen!

Jessica Hänni

Bibliografische Information der Deutschen Nationalbibliothek:
Die Deutsche Nationalbibliothek verzeichnet diese Publikation
in der Deutschen Nationalbibliografie; detaillierte bibliografische
Daten sind im Internet über dnb.dnb.de abrufbar.

© 2019 Jessica Hänni

Herstellung und Verlag: BoD – Books on Demand, Norderstedt

ISBN 978-3-7494-5472-3

Jessica Hänni

© Mobbing kann jeden treffen

Schauen Sie nicht weg!

Mobbing, nein danke!

Inhalt

Lieber Leser, liebe Leserin. Ich bedanke mich bei Ihnen, dass Sie sich zum Kauf dieser Broschüre entschlossen haben.

Aus Gründen der Einfachheit, habe ich mich beim Schreiben auf die männliche Form entschieden. Die Frauen mögen es mir verzeihen.

Dieses Buch ist aus einem ganz bestimmten Grund geschrieben worden.

Ich gehe ins letzte Schuljahr und wollte das Thema Mobbing in der Schule als Projektarbeit bearbeiten.
Je mehr ich im Kollegen und Bekanntenkreis über meine Projektarbeit sprach, umso mehr bemerkte ich, dass dieses Thema nicht nur in der Schule sondern überall ein
„heißes" Thema war und ist.

Ob in der Schule, im privaten Bereich oder im Arbeitsleben, immer und immer wieder hört man von Mobbing.
Daher habe ich mich dazu entschlossen, meine Projektarbeit als Buch oder Broschüre für alle zu schreiben.

Nun wollen wir aber keine Zeit mehr verschwenden und in die Welt des traurigen Themas „Mobbing" eintauchen.

Da Sie dieses Buch gekauft haben, ist es wohl leider auch für Sie ein Thema. Ich hoffe, Ihnen einige nützliche Hilfsmitteln auf Ihren Weg geben zu können.

Was ist Mobbing?

Mobbing ist, wenn ein Mensch oder eine Gruppe über eine längere Zeit einem anderen immer wieder absichtlich schaden beifügt und weh macht. Sei dies Körperlich wie Psychisch.

Es ist wie ein Virus, ist man einmal davon betroffen, kommt man nicht mehr so leicht davon weg und die Folgen können für die Beteiligten gravierend sein.

Gründe für Mobbing

- Leistungsdruck
- Neid, Eifersucht, Missgunst
- Geltungsdrang
- Mangelnder Teamgeist
- Mangelnde Kommunikation
- Psychische Probleme
- Druck in der Gesellschaft und Druck im Berufsleben
- Unzufriedenheit mit sich selber

- Schlechtes Selbstvertrauen
- Eigene Schwäche überspielen
- Gruppenzwang
- Intoleranz
- Zweifel

Was machen Mobber?

- Verbreiten von Gerüchten
- Andere permanent lächerlich machen
- Permanent kritisieren
- Hinter dem Rücken über einen sprechen
- Andere auflaufen lassen
- Ignorieren
- Drohen, Erpressen
- Angriffe auf Meinungen und Überzeugungen welche nicht mit eigenen Ansichten übereinstimmen. Wie Religion usw.
- Schlagen
- Ausgrenzen
- Beleidigen
- Auslachen
- Beschimpfen usw.

Die Taten sind grenzenlos und Mobber finden immer wieder neue Möglichkeiten.

Einstufung

Es ist nicht alles Mobbing, was danach riecht. Eine Meinungsverschiedenheit, ein kleiner Streit oder ein böses Wort hat mit Mobbing noch nichts zu tun.

Es kann aber ein Auslöser für spätere Handlungen sein.

Wie sich ein Mobbing Opfer fühlt

Man fühlt sich:

- Hilflos
- Traurig, schlecht
- Nicht für ernst genommen
- Ängstlich
- Unsicher
- Man zweifelt permanent an sich
- Es gibt solche, die fühlen sich sogar als Täter und geben die Schuld sich selber

Mobbing in der Familie

Leider kommt es immer mehr vor, dass Kinder in der eigenen Familie und im Bekanntenkreis gemobbt werden. Für ein Kind gibt es nichts schlimmeres. Wenn dort, wo man sich Rückhalt, Vertrauen und Fürsorge erhofft gemobbt wird, wo will ein Kind dann hin?

Eltern sollte sich auch immer wieder hinterfragen ob sie alles richtig machen und sich den eigenen Spiegel vorhalten.

Was können Gründe für ein Mobbing innerhalb der Familie sein?

- Hohe Erwartungshaltung die ein Kind oft gar nicht erfüllen kann.
- Neid auf das eigene Kind
- Neid und Missgunst von Geschwistern
- Es kann sein, dass Eltern bei mehreren Kindern an alle die selben hohen Erwartungen haben und vergessen, dass jedes Kind eine eigene Persönlichkeit ist und hat.
- Eltern lassen den eigenen Druck den sie haben den Kindern aus.
- Sie lassen ihren Frust aus
- Konkurrenzkampf zwischen den Eltern…
- Uvm.

Wie können Eltern reagieren, wenn ihr Kind gemobbt wird?

- Hören Sie Ihrem Kind zu
- Machen Sie das Thema nicht lächerlich
- Drängen Sie Ihr Kind nicht, es ist nicht nur für Erwachsenen schwer darüber zu sprechen. Für Kinder ist es wohl noch schwerer.
- Zeigen Sie Verständnis und geben Sie nicht auch noch eine Schuldzuweisung an Ihr Kind
- Zeigen Sie auch aktiv, dass Sie Ihrem Kind helfen und alles machen was gemacht werden kann.
- Nehmen Sie Veränderungen Ihres Kindes wahr und sprechen Sie darüber. Sie erkenne dies u.a. wenn Ihr Kind
  - immer stiller und verschlossener wird
  - nicht mehr gerne in die Schule geht
  - aggressiver wird
  - ängstlicher wird und Alpträume hat
  - immer wieder mit Verletzungen nach Hause kommt
  - oft Krank ist oder nicht mehr zur Schule gehen will
  - sich ritzt usw.
- Fördern Sie Kontakte und Freundschaften

Mobbing in den Sozialen Medien

Seit einiger Zeit hat das Mobbing neue Plattformen gefunden.
Gerade in Plattformen wie

- Facebook
- Youtube
- Spiele welche über das Internet laufen
- WhatsApp
- Twitter
- Instagram
- Tiktok
- Snapchat
- Hausparty
- Skipe
- Tellonym
- Messenger
- Uvm.

hat ein Mobber so einige Möglichkeiten bekommen einem Menschen mit Mobbing beträchtlich zu schaden.

Cybermobbing ist heute leider die einfachste Art, jemanden so richtig in den Abgrund zu „manövrieren!" Wer ist schon gerne am öffentlichen Pranger?

Ich möchte betonen, dass die Plattformen gut und nützlich sind. Doch leider bieten so einige Plattformen auch Gelegenheit für Mobber.

Selbst wenn man Mobber auf diesen Plattformen den Account löschen würde, würden diese wieder einen Weg finden, dort ihr Unheil anzurichten.

Beachten Sie, was einmal im „Netz" ist, kann nur schwer wieder gelöscht werden. Dazu kommt, dass alles im „Netz" kopiert werden kann und man keine Kontrolle mehr darüber hat, was u.a. mit Bildern usw. passiert!

Mobbing in der Schule

Schüler können brutal und gemein sein. Man unterschätzt die enormen Konsequenzen welche bei Mobbing sowohl in der Familie wie in der Schule einem Kind auch für die Zukunft wiederfahren kann. Sei dies später im Berufsleben aber auch bei künftigen Beziehungen.

Ich denke da u.a. an:

- Misstrauen
- Vertrauensmangel
- Selbstvertrauen
- Selbstwertgefühl
- Ängstlichkeit
- Zweifel
- Gesundheitliche Probleme

Es kann gut sein, dass ein Mobbing vom Mobber gar nicht gewollt ist. Es kann sein, dass er eine dumme Handlung macht und seine Kameraden es cool finden. Dieses Cool sein kann dann die Inspiration für mehr sein und so nimmt ein schlechter Streich seinen Anfang.
Gerade und nicht nur in der Schule, kann ein Gruppenzwang ein Auslöser für so einige Mobber sein.

Viele in der Gruppe machen dann mit, weil Sie Angst haben selber hineingezogen zu werden ohne an die Folgen für das Opfer zu denken. Sie sind schlicht froh, nicht selber Opfer zu sein und verschließen die Augen.

Leider ist es heute für viele cooler einem Mobber zu helfen statt dem Mobbingopfer!

Was können Lehrer machen?

- Auf Veränderungen achten.
- Thema nicht lächerlich machen.
- Zuhören, Hinsehen.
- Klare Grenzen setzen.
- Nicht tolerieren und früh das Thema ansprechen.
- Nicht wegschauen.
- Schüler auch in der Pause im Blickwinkel haben.
- Nichts als lächerlich bezeichnen und den Schüler noch schlecht machen oder ein schlechtes Gewissen einreden.
- Gespräch mit Eltern aufnehmen / sowohl Opfer wie Täter.
- Mit Eltern nach Lösungen suchen.
- Selber Hilfe holen und sich an den richtigen Stellen orientieren lassen.
- Evt. eine externe Stelle aufbieten lassen um dieses Thema in der Schule zu Besprechen.
- Dem Mobber die Möglichkeit geben, sich gut und anständig aus der Affäre zu ziehen. Je mehr man einen Mobber unter Druck setzt, desto mehr Gegendruck wird er ausüben.

Es kann auch Lehrer treffen!

Leider ist es so, dass auch immer mehr
Lehrer betroffen sind.

Gründe sind meistens immer die Gleichen.

- Druck welche auf Schüler lastet
- Eltern erwarten gute Noten uns suchen
  beim Lehrer eine „Ausrede" oder einen
  Schuldigen.
- Schüler suchen einen schuldigen
- Erpressung
- Profilieren
- Mutprobe
- Usw.

Mobbing im Beruf

Der Druck im Berufsleben wird immer wie
grösser.
Die Anforderungen werden in der heutigen Zeit
nicht nur in der Schule immer grösser, sondern
auch im Berufsleben.
Fehler zu machen ist ein „Nogo". Passieren doch
welche, werden oft Sündenböcke gesucht.

Was könnte passieren, wenn der Arbeitgeber das Thema nicht gut angeht?

- Schlechtes Betriebsklima
- Kündigungen
- Kunden welche abspringen

Wenn ein Arbeitgeber Konflikte und Mobbing nicht ernst nimmt oder falsch angeht, können erhebliche, finanzielle und psychische Folgen daraus entstehen. Das Image der Firma leidet ebenfalls.

Welche Möglichkeit hat man gegen Mobber?

- Wahrnehmen, hinschauen und handeln
  - Sobald man merkt, dass jemand gemobbt wird, ist es ratsam so früh wie möglich zu reagieren.
- Wenn man selber gemobbt wird, sollte man nicht noch zusätzliche Vorwürfe machen.
- Holen Sie Hilfe und sprechen Sie mit Menschen darüber welche direkt involviert sind oder solche von denen Sie das Gefühl haben, dass Sie Ihnen zuhören und helfen können. Sei dies Freunde, Vorgesetzte, Lehrer und Eltern.

- Wenn Sie merken, dass jemand gemobbt wird, ist es einfach die Augen zu schließen. Besser und löblicher ist allerdings etwas dagegen zu machen. Machen Sie nicht auch noch mit. Selbst ein stilles Zuschauen ist ein akzeptieren und mitmachen!
- Schenken Sie dem Mobber keine Beachtung. Weisen Sie ihn jedoch zurecht. Es kann ja auch sein, dass er gar nicht merkt, was er gerade macht.
- Sammeln Sie Beweise für unfaire Attacken und schreiben Sie alles auf. Es ist oft schwer, gerade in der Emotion, sich an alles richtig erinnern zu können. Dazu hat das Aufschreiben auch für Sie selber den Vorteil zu reflektieren, was genau passiert ist. Es kann ja auch sein, dass Sie im Berufsleben wirklich einen Fehler gemacht haben und dies gar nicht einsehen und so einen weiteren Konflikt auslösen.
- Reflektion. Reflektieren Sie die Situation.

Sprechen Sie das Thema an

Oftmals ist es schwer, darüber zu sprechen, dass Sie jemand „plagt" Doch wie kann man Ihnen helfen, wenn Sie es für sich behalten. Nehmen Sie allen Mut zusammen und sprechen Sie mit den richtigen Menschen darüber.

- Vorbereitung
  - Sammeln Sie Beweise, Daten und wichtige Hinweise.
  - Bereiten Sie sich auf das Gespräch vor. Schreiben Sie alle Punkte welche Sie ansprechen wollen auf. So vergessen Sie nichts.
- Sprechen Sie alle Probleme offen an.
- Bleiben Sie sachlich. Beschreiben Sie jedoch Ihre Gefühle und wie es Ihnen dabei geht.
- Vermeiden Sie Vorwürfe. Sprechen Sie in der „Ich-Botschaft", wie: «Es bedrückt mich, dass..», «Ich fühle mich … wenn...»
- Hören Sie gut zu und sprechen Sie Ihrem Gesprächspartner nicht ins Wort.
- Wenn Ihnen etwas unklar ist, fragen Sie nach.
- Fragen Sie nach Lösungen und schreiben Sie alle Abmachungen auf.
- Sagen Sie dem Mobber dass Sie seine Handlung nicht mögen und akzeptieren.

Dasselbe gilt auch für Personen, welche merken, dass jemand gemobbt wird. Sprechen Sie mit den Personen. Zeigen Sie Courage.

Ich frage Sie, was ist schöner, am Abend im Bett zu liegen und zu wissen, an diesem Tag jemandem geholfen zu haben und stolz auf sich zu sein oder weggeschaut zu haben?

Wie ist es mit Ihnen, wären Sie froh, Opfer zu sein oder würden Sie es begrüßen, wenn Ihnen jemand helfen würde?

Gibt es gerade jemanden den Sie kennen, welcher gemobbt wird und dem geholfen werden kann?

Ihre Meinung:

Einige Fragen und Antworten

- Wen kann es treffen?
  - Jeder! Keiner ist „gefeilt" davon.
- Wie könnte ein Mobbingverlauf aussehen?
  - Konflikt
  - Gemeine Aussagen können bereits geäußert werden.
  - Nach einiger Zeit Übergang zu Mobbing und dem dazugehörenden Psychoterror
  - Machtübergriffe, Drohungen, Erpressungen usw.
  - Allenfalls andere als Mittäter ins Geschehen einziehen.
- Welche Art von Konflikten kann es geben?
  - Kommunikation, Beziehung, Geschlechtskonflikte, Zielkonflikte uvm.
- Wie ist es in der Nachbarschaft?
  - Wie gesagt, keiner ist gefeilt davon. Gerade auch in der Nachbarschaft können einige Konflikte entstehen, wie zu laute Musik, unsauberer Waschraum, Lärm, Neid uvm.

- Gibt es den perfekten Mensch?
  - Jeder Mensch ist so wie er ist perfekt. Das macht ja den Menschen und seine jeweilige Einzigartigkeit aus. Man stelle sich nur vor, jeder Mensch sähe gleich aus und hätte die gleichen Stärken und die glei-chen Schwächen….
- Spruch des Tages:
  - „Bevor du jemanden kritisierst, beschimpfst, mobbst oder was auch immer, schaue einmal selber in den Spiegel."
  - „Nimm dich so wie du bist, denn so bist du perfekt"

Es gibt so viele Menschen die von sich ablenken und auf andere zeigen und dabei vergessen, dass vieles aus der eigenen Schwäche heraus kommt. Ein starker und zufriedener Mensch hat es gar nicht nötig jemanden zu Mobben!

Oder?

„Es ist einfacher auf andere zu zeigen und andere zu verurteilen als an sich selber zu arbeiten!"

Der Buchautor Heinz Leymann schreibt: „Das Opfer erlebt dabei seine eigene Verurteilung, weil der Ankläger, Zeugen und Richter ein und dieselbe Person sind."

Was betroffene sagen

Als ich das Projektthema bekannt gab, schlug es hohe Wellen. Es gab immer mehr Menschen welche betroffen sind und sich spontan entschlossen etwas zu sagen. Ich möchte mich von ganzem Herzen bei allen für Ihren Beitrag bedanken.

Bei den nachfolgenden Beiträge habe ich die Namen geändert! Sollte ein Name mit jemandem in Zusammenhang stehen, den Sie kennen, ist es purer Zufall!

(Die Beiträge sind außer dem Namen so belassen worden, wie ich diese bekommen habe!)

Beitrag von Gabi..

> „Bei mir fing in der 5.Klasse alles an. Ich bin in die Schule gegangen und wurde direkt von allen „scheiße" angeschaut...dann haben sie angefangen über mich zu lästern und mich als Schlampe dar zu stellen...ich hab mich dafür Geritzt, weil ich einfach am Boden zerstört war...Es kamen oft 10. Klässler auf mich und wollten mich zusammen schlagen, weil ich angeblich was getan habe was nicht der Wahrheit entspricht."

„Die machen mich fertig jeden Tag, erzählen Lügen über mich herum so dass ich wieder als Schlampe da stehe, es wird gesagt das ich schwanger bin...Und jedes Mal wird wieder darüber Geläster, ich sehe immer diese Blicke....Ich hab Angst in die Schule zu gehen..."

Beitrag von Stephan

> *„Ich war in der 5. Klasse, als ich mir keine Zeit mehr genommen habe um mit Freunden etwas zu unternehmen. Dann haben sie mich halt als komische Person angeschaut. Später haben sie mir „Hittli" gesagt, was in meinen Kinderohren wie „Hitler" geklungen hat...Sie hatten mein Fahrrad fast täglich kaputt gemacht."*

„Meine Mutter wollte mir helfen, was es dann aber nur noch schlimmer machte."

„Es hat mein Leben verändert... Ich hab mich zurückgezogen.
Abgeschottet und mich unverwundbar gemacht, In dem ich niemanden mehr in mein Herz gelassen habe...Mittlerweile bin ich 27 Jahre alt und leide immer noch stark von den Folgen."

Beitrag von Amelie

➤ „Ok, also es fing alles in er 3. Klasse an, ich war anders als die anderen und war Einzelgänger. Keiner wollte mit mir etwas unternehmen und mit mir spielen.
Mir fehlte der Zusammenhang und wenn ich andere zusammen spielen saht, war ich sehr traurig.
Ich hab angefangen mich zu Ritzen und wollte nicht mehr Leben, weil ich am Boden war. Ich wurde beleidigt und alle haben über mich gelästert und Lügen rum erzählt. Ich weiß nicht wie ich mit anderen Reden soll, ich hab Angst vor der Schule, Angst vor dem rausgehen...Ich weiß einfach nicht was ich machen soll..."

Beitrag von Lisa

> „Bei mir war das in der Grundschule so, dass
ich immer komisch angeschaut wurde, da ich
halt anders war als die anderen…Nicht im Sin-
ne das ich ein Junge sein möchte, nein es war
gar nicht so schlimm trotzdem hatten mich
die Leute nicht gern, entweder mochten sie
mich einfach nicht, oder sie mochten mich
nicht weil Gerüchte über mich erzählt wur-
den… Sie sagten dass ich Lügen rum erzählt
habe und andere geschlagen hätte, was aber
alles nicht der Wahrheit entsprach. In der
zweiten bzw. dritten Klasse war ich halt auch
eher ein Einzelgänger und war nicht mit
Freunden unterwegs…Manche fanden mich
ganz cool und wollten mich in ihrer Clique haben, doch ich wollte nicht, ab dem Moment
hassten sie mich… Meine Freundin war so
ziemlich die einzige Freundin meiner Grund-
schule, hatte mir auf der Klassenfahrt eine
Backpfeife gegeben…
Durch den ganzen Gruppenzwang hatte ich
schlussendlich keine Freunde mehr.
Die Zeit ging natürlich auch vorbei und ich war
mittlerweile auch in der 5.Klasse und hatte
wieder eine neue Freundin gefunden, dazu
war die neue Klasse auch viel besser als die
andere…

Ich hab auch angefangen mich zu Ritzen, bis mir klar wurde das mir das nichts bringt, es tut nur einem selber weh aber helfen tut das nicht...

Beitrag von Ulrike

> Mein Freund verlangte ein Bild von mir, wo ich nackt war. Ich wollte es mir nicht geben. Dann schlug er mich. Nicht fest, aber er sagte dass es das nächste Mal heftiger wäre. Er sagte ich sei eine
> dumme ... usw. Ich hatte Angst. Danach sagte er, dass wenn er kein Bild bekomme, den Freunden sage, dass ich schlecht im Bett sei usw. Es nahm kein Ende. Ich wurde danach auch von seinen Kollegen massiv unter Druck gesetzt, bis ich nach gab. Als er dann ein Bild von mir hatte, fing die Erpressung erst richtig an.... Als er dann das Bild seinen
> Kollegen weiter gab, schämte ich mich so sehr, dass ich nicht mehr weiter wusste. Eine Kollegin half mir und kam mit mir in zu einer Beratungsstelle.
> Ich kann nur eines sagen, lasst euch nicht erpressen! Überlegt gut, wem ihr Bilder von euch gebt. Denn sind die Bilder mal weg, hat man keinen Einfluss mehr darauf!

Wir sind danach von dem Ort
weggezogen. Wobei die Psyche halt
immer dabei ist...

(Es gab sehr viele Beiträge. Leider konnte ich nicht alle berücksichtigen. Sorry)

(P.S. Aus Datenschutzgründen habe ich die Namen der betroffenen Personen abgeändert!)

Eigene Erfahrungen

Als ich in der 2. Klasse war, fing es an, dass ich
von allen komisch angeschaut wurde. Aber von
Tag zu Tag kam mehr dazu, wie Beleidigungen,
Lügen und Ausstoßen von der Klasse. Ich war
daraufhin oft alleine in der Pause und hatte fast
keine Freunde. Als ich mich schon langsam an
diese Situation gewöhnt hatte und angefangen
habe es zu akzeptieren, fing es erst richtig an.
Ich wurde auf dem Nachhauseweg abgefangen
und oft geschlagen oder eingeschüchtert.
Daraufhin hab ich mich immer mehr verschlos-
sen, hatte keine Freude mehr am Leben wie am
Rausgehen oder etwas mit meiner Familie zu
erleben.
Ich wurde jeden Tag immer unglücklicher. Als
dieses „Mobbing„ einfach nicht aufhören wollte
bekam ich Angst in die Schule zugehe. Ich habe
mir natürlich auch Hilfe gesucht...doch keiner

konnte mir wirklich helfen, alle haben es nur noch schlimmer gemacht…

Als ich dann in der 4.Klasse war, hatte es endlich langsam aufgehört und ich konnte wieder lachen und ging auch wieder gerne zur Schule. Ich hatte neue Freunde gefunden und war einfach wieder Glücklich…

Doch als ich in der 5. Klasse war, sah ich immer mehr, dass jemand aus meiner Klasse gemobbt wurde. Daraufhin habe ich mit dem Jungen Mitleid bekommen, weil ich selbst wusste, wie es ist gemobbt zu werden.
Also habe ich mich dazu entschlossen ihm zu helfen. Ich habe mich mit ihm angefreundet, bin oft mit ihm in die Pause gegangen und habe ihn vor allen in den Schutz genommen.

Naja, wie es das Schicksal auch so schön wollte, wurde ich auch wieder von allen ausgeschlossen und fertig gemacht.

Das ging dann so weiter bis zur 6. Klasse, als ich dann auch noch Zuhause extreme Probleme bekam. Ich fühlte mich unverstanden und meine Nerven am Ende. Ich sah nur noch den einen Ausweg, **SUIZID.**

Als dann der Tag kam, an dem ich auch noch von meinen besten Freunden angefangen wurde beleidigt und fertig gemacht zu werden, konnte ich einfach nicht mehr und habe einen Suizid Versuch gestartet, der dank meinem besten Freund zum Glück nicht tödlich geendet hatte.

Dank dem Zustand, dass ich wenige Wochen später in die Sekundarschule kam und mit neuen Leuten umgeben war, hatte sich die ganze Sache zum Glück auch wieder gelegt und ich wurde bis heute von niemanden mehr gemobbt.

Ich möchte an dieser Stelle allen lieben Menschen danken, die mir geholfen haben und zu mir gestanden sind.
Speziell meiner Mutter!

Hilfe

WWW - Adressen:

- ➤ www.147.ch/de/freundschaft-liebe/streit-und-mobbing/was-bedeutet-mobbing
- ➤ www.mobbing-zentrale.ch
- ➤ www.143.ch
- ➤ www.kesb-lu.ch
- ➤ www.u25-schweiz.ch
- ➤ www.seelsorge.net

✓ KESB / Kindes- und Erwachsenenschutz-
behörde / Adresse bei der Gemeinde am
Wohnort erhältlich.
Telefon Nr.

➢ ☎ 147 (Pro Juventute, Beratung und
Hilfe, Postfach, 8050 Zürich
➢ ☎ 143 (Dargebotene Hand)
➢ ☎ 144 Sanität

... und Tschüss

Liebe Leserin, lieber Leser

Wir sind bereits am Ende dieses Buches
angekommen.

Ich wünsche Ihnen viel Gesundheit, innere Ruhe,
ein Leben ohne Mobbing und ganz, ganz viel
Erfolg.

Ganz liebe Grüße und alles Gute

Jessica

Quellenhinweise

- Mobbing: Hinschauen und gemeinsam etwas dagegen tun. / Informationsheft für Schüler und Schülerinnen, Eltern und Lehrpersonen, Herausgeber: Forum Prävention, Talfergasse 4, I-39100 Bozon

Bücherempfehlungen

Hannelore Josuks, Gottfried Adam, Gottfried Schleinitz: Professionelle Kommunikation in Pflege und Management. Ein praxisnaher Leitfaden. 2. Auflage. Schlütersche Verlagsgesellschaft, Hannover 2011, ISBN 978-3-89993-276-8,

Pschyrembel® Wörterbuch Pflege. Walter de Gruyter, 2003, ISBN 978-3-11-089931- 3

Hella Dahmer, Jürgen Dahmer, Gesprächsführung, Georg Thieme Verlag Stuttgart-New York, ISBN 3-13-627103-3

Ruch-Zimbardo, Lehrbuch der Psychologie, Springer Verlag Berlin, Heidelberg GmbH, ISBN 978-3-540-06549-4